8
LN27
42293

LE CHEVALIER HÉLYON

SIRE DE JACQUEVILLE

Scènes de la lutte des Bourguignons et des Armagnacs

1404-1417

ÉLYON, chevalier de Beauce, né à Chartres, devint à une époque que nous n'avons pu découvrir, propriétaire du fief de Jacqueville-en-Gâtinais, près La Chapelle-la-Reine, d'où il prit le titre de *sire de Jacqueville*.

Ce manoir avait une origine gallo-romaine : *Jacobi villa* (domaine de Jacques)[1].

Le 16 janvier 1408, le sire de Jacqueville fut nommé par le roi Charles VII capitaine de la citadelle de Larchant.

Nemours appartenait depuis 1404 à Charles III, dit le noble, roi de Navarre. Des relations s'étaient, le voisinage aidant, établies entre ce prince et le sire de Jacqueville, par l'entremise de Pierre des Essarts, pourvu de la capitainerie de Nemours.

---

1. Normand-Torfs, curé d'Amponville : *Souvenir du 22 novembre 1883* (Fontainebleau, E. Bourges, 1884), page 9.

Quand Pierre des Essarts devint une première fois prévôt de Paris, le 30 avril 1408, Hélyon de Jacqueville ne tarda pas à s'attacher au parti de Jean, duc de Bourgogne, lequel avait des alliances avec le roi de Navarre.

L'histoire nationale a retenu le nom du sire de Jacqueville à cause du rôle important par lui joué pendant les troubles qui suivirent la mort de Louis, duc d'Orléans, frère unique du roi, que son cousin germain, le duc de Bourgogne, fit assassiner le 23 novembre 1407, rue Barbette, à Paris, afin de pouvoir gouverner seul le royaume.

Hélyon de Jacqueville s'était fait remarquer, pour la première fois à notre connaissance, en 1404, comme un personnage remuant et peu docile. Une certaine aventure, que nous révèlent les registres du Parlement de Paris[1] lui valut deux mois de prison et une amende de quatre mille livres, somme considérable pour l'époque. Les plaidoiries où l'affaire est exposée nous apprennent que, comme le chevalier et son valet « s'esbatoient » sur les bords de la Seine, il y eut, pour une cause futile sans doute, conflit entre eux et le valet d'un conseiller au Parlement, qui conduisait un cheval à la rivière. On s'envenima et on se battit jusque sous les fenêtres du conseiller, qui, mettant le nez à la fenêtre, en bonnet de coton, pour connaître la cause du vacarme qui se faisait à sa porte, reçut une bordée d'injures de la part d'Hélyon et de son valet. Le conseiller se

---

[1]. *Archives nationales*, X²ª 14, f° 198 v°. — Voir l'appendice.

vengea en faisant sévèrement condamner le jeune partisan des Navarrais.

En 1411 on voit le sire de Jacqueville se porter principal enchérisseur de l'hôtel sis à Paris, rue Neuve-Saint-Merry, lequel avait été saisi par des marchands de Lubeck sur Pierre de Brabant, dit Clignet, seigneur de Landreville[1], amiral de France, leur débiteur, partisan dévoué de la maison d'Orléans[2].

C'est vers ce temps que, mettant à profit les luttes intestines qui déchiraient la France, Jacqueville commença à tenir la campagne à la tête d'une troupe armée, qui cherchait avant tout à s'enrichir par le pillage et les rançons.

Le duc de Bourgogne étant allé avec le dauphin Louis, faisant ses premières armes, assiéger Étampes et Dourdan, seigneuries confisquées sur le duc de Berri, Jacqueville (décembre 1411) reçut l'ordre de guerroyer dans les environs contre les partisans des princes, mécontents des suites de la paix de Bicêtre signée le 2 novembre 1410, et voulut réagir contre la faction des bouchers dont les excès avaient terrorisé Paris.

Plus tard et pendant que Jean, duc de Berri, subissait à Bourges le siège dirigé par le roi lui-même, à l'instigation du duc de Bourgogne (1412), Jacqueville se trouva encore, suivant le plan arrêté par Jean sans Peur, chargé d'opérer dans la Beauce

---

1. Ardennes.
2. *Journal d'un Bourgeois de Paris*, édition Alexandre Tuetey, Paris, 1881, page 68, note 2.

contre les Armagnacs. D'Étampes, où il se tenait avec un détachement de la milice parisienne, il alla attaquer Janville, l'une des seigneuries de Charles, duc d'Orléans. Les gens de Thoury, vassaux de ce prince, ayant voulu porter secours à leurs voisins, Jacqueville les repoussa et mit le siège devant leur bourg, où le feu éclata.

Plusieurs des assiégés, parmi lesquels se trouvèrent des femmes et des enfants, périrent dans les flammes; d'autres se tuèrent en cherchant à s'échapper par dessus les murailles, et ceux qui furent pris dans la place furent conduits à Paris pour y être pendus ou noyés. Jacqueville réduisit en cendres le château de Thoury.

Un autre capitaine du parti bourguignon, le breton Terbours, aidait le sire de Jacqueville dans ce déplorable exploit mis en doute par Villaret[1], mais raconté par Juvénal des Ursins[2] et relaté en détail par le religieux de Saint-Denis. Les assiégés, pour ne pas laisser l'ennemi profiter des vivres que ceux du pays environnant y avaient apportés en abondance en s'y réfugiant, avaient eux-mêmes mis le feu, avant de tenter de fuir; mais l'incendie avait fait des progrès tels qu'ils en furent pour la plupart victimes.

La paix signée sur ces entrefaites, le 13 juillet 1412, ne l'avait été que sauf ratification à fournir à Auxerre par le duc d'Orléans, pour lequel s'était porté fort, vis-à-vis le roi et le dauphin, le duc de

---

1. *Histoire de France* (Charles VI).
2. *Histoire de Charles VI*.

Berri. Rendez-vous y avait été en conséquence assigné à tous les princes. Le duc de Bourgogne n'avait pas été étranger au choix qui avait été fait de cette ville.

Pierre des Essarts et Jacqueville reçurent de ce prince, malgré lequel la paix avait été consentie, la dangereuse confidence du dessein qu'il avait conçu de se défaire d'un seul coup par le meurtre, lors de l'entrevue fixée, des ducs de Berri, d'Orléans et de Bourbon, ainsi que du comte de Vertus. Le prévôt des Essarts, ayant tenté de détourner le duc de l'exécution d'un pareil projet, perdit dès lors ses bonnes grâces, sans néanmoins que Jean sans Peur lui manifestât de suite aucun mécontentement.

Charles d'Orléans et son frère le comte de Vertus vinrent à Auxerre, mais avec une suite extraordinairement nombreuse, de sorte que la paix fut par eux jurée sans que le duc de Bourgogne pût réaliser son sinistre dessein. Le sire de Jacqueville, qui n'avait pas partagé les scrupules du prévôt de Paris, vit augmenter son crédit auprès du duc, ainsi que le prouva la suite des événements.

Le 23 août 1412, au lendemain de la ratification de la paix de Bourges, Jean sans Peur se rendit par eau à Joigny avec cinquante hommes d'armes, et ce fut Jacqueville qui en eut le commandement. Ainsi escorté, ce prince continua son voyage en passant par Sens et Montereau et arriva à Melun, où se trouvait la reine Isabeau de Bavière[1].

---

1. Dom Plancher, *Histoire générale et particulière de Bourgogne* (1748).

Lorsque celle-ci rentra avec le roi à Paris dans les premiers jours d'octobre, on admira parmi le cortège le luxe du sire de Lourdin de Saligny, chambellan du duc de Bourgogne; mais la surprise fut grande le lendemain lorsqu'on le vit arrêter par ordre de ce dernier pour être conduit en Flandre, où il resta quelque temps en prison. Cette arrestation, suivant certaines rumeurs, eut lieu sur la dénonciation de Jacqueville, l'accusant d'être favorable au parti d'Orléans, d'avoir découvert certains secrets du duc de Bourgogne, et même d'avoir tramé, de complicité avec la veuve du grand maître de Montagu, un complot pour lui ôter la vie[1].

Au mois de janvier suivant, Jean sans Peur, distribuant d'importants présents à titre d'étrennes aux membres de la famille de Charles VI, étendit ses générosités aux officiers attachés à sa personne. Jacqueville se trouva du nombre de ces derniers.

Lorsque le dauphin Louis essaya d'enlever à Jean sans Peur, son beau-père, l'exercice du gouvernement que celui-ci entendait conserver par tous les moyens possibles dans des vues toutes personnelles, Paris recommença à subir de nouvelles scènes de sédition.

Le 30 avril 1413 une émeute éclata à l'occasion de la présence à la Bastille Saint-Antoine de Pierre des Essarts. Ce dernier avait été recherché, lors de l'assemblée des trois ordres réunis pour arriver à de nouveaux impôts rendus nécessaires par les me-

---

1. Philipon de La Madelaine. *Histoire des Ducs et Duché d'Orléans.*

naces de guerre faites par l'Angleterre, comme ayant eu la gestion des finances. Pour sa justification il avait déclaré avoir remis à Jean sans Peur, qui lui en avait délivré quittance, 2 millions. Mais, comprenant qu'il venait de se perdre, il s'était réfugié à Cherbourg, dont il était capitaine. Cependant le dauphin, du côté duquel il inclinait, depuis qu'il se sentait menacé par le duc de Bourgogne, l'avait rappelé, en lui donnant l'ordre de s'établir à la Bastille.

L'émeute du 3o avril eut pour prétexte le soupçon que l'ancien prévôt de Paris voulait favoriser le duc d'Orléans. Les riches bourgeois, ayant à leur tête le prévôt des marchands et les échevins, s'efforcent d'apaiser les esprits, mais le sire de Jacqueville et Robinet de Mailly conduisent les mutins et inaugurent les scènes tumultueuses et sanglantes que le parti des bouchers, soutenu par le duc de Bourgogne, va pendant des mois imposer aux Parisiens.

Jean sans Peur finit, survenu sur les lieux, par attirer Pierre des Essarts hors de la Bastille, lui promettant *sous serment* qu'il le couvrira au besoin de son corps, et il le fait conduire au Louvre.

Mais les séditieux n'avaient pas cessé, pendant le mouvement contre des Essarts, de faire surveiller l'hôtel Saint-Paul. Au nombre des meneurs se trouvaient, outre le sire de Jacqueville et Robinet de Mailly, d'autres capitaines attachés à l'hôtel du duc de Bourgogne, notamment Charles de Raucourt, dit de Lens.

Ils allèrent planter la bannière de la ville au devant de l'hôtel Saint-Paul et demandèrent violemment à parler au dauphin. Celui-ci, sollicité par son beau-père de chercher à calmer les mutins, ne put y réussir, reprocha à Jean sans Peur d'être par ses conseils l'auteur de la violation de l'hôtel du roi et se retira dans la chambre de ce dernier. Mais alors les séditieux enfoncèrent les portes, se répandirent dans les appartements et en tirèrent une vingtaine d'officiers et seigneurs attachés à la personne du roi qu'ils conduisirent d'abord rue Mauconseil à l'hôtel du duc de Bourgogne et ensuite, sur l'ordre de celui-ci, au Louvre. Plusieurs meurtres, dictés par des vengeances privées, furent, à l'occasion de ces mouvements tumultueux, commis en pleine rue.

Au mois de mai suivant, le dauphin, impuissant à réprimer les excès de la faction des bouchers, à la tête de laquelle étaient notamment Caboche, Deniset et Jean de Troyes, ne put refuser de donner le gouvernement militaire de Paris au sire de Jacqueville, qui en fut nommé *capitaine*[1].

Cet homme répondait par son humeur naturelle aux intentions des factieux parce qu'il poussait toujours les choses à l'extrême[2]. Il était en outre bien habile de son corps[3].

La charge importante qui lui était ainsi confiée, de l'agrément du duc de Bourgogne, était un démembrement des fonctions primitives du prévôt de

---

1. C'est par erreur que dans la *Notice sur le canton de La Chapelle-la-Reine* (Fontainebleau, imp. E. Bourges, 1876), nous avons dit que Jacqueville avait été prévôt de Paris.
2. L'abbé de Choisy, *Histoire de France sous les règnes de saint Louis, Philippe de Valois, Jean, Charles V et Charles VI*.
3. Juvénal des Ursins.

Paris¹. En effet, en 1380, ce dernier s'était vu retirer les attributions de capitaine de la ville, c'est-à-dire de chef de la milice parisienne, et Maurice de Trésiguidy avait été le premier capitaine de Paris.

Son office consistait notamment à maintenir le bon ordre, prévenir les assemblées, faire procéder à l'instruction contre les délinquants et les mettre en état d'arrestation pour être jugés par le lieutetant du prévôt.

Le 22 mai vit une nouvelle émeute. Sous prétexte de démontrer au roi que l'arrestation de Pierre des Essarts et celle des seigneurs enlevés de chez le dauphin étaient des actes louables, Eustache de Pavilly, de l'ordre des Carmes, pénétra dans l'hôtel Saint-Paul et eut audience du roi. Mais il y eut dans la rue un contre-coup.

L'attitude et les agissements personnels de Jacqueville en cette journée obligent à entrer dans un récit détaillé.

Le dauphin étant à une fenêtre de l'hôtel, à l'intérieur et au devant duquel les bouchers et leurs adhérents se trouvaient en grand nombre, fut aperçu ayant son chaperon blanc (chaperon adopté par les séditieux depuis l'ambassade des Gantois venue à Paris) sur la tête, la patte au côté droit et la cornette du côté gauche, de telle sorte que celle-ci venait sous le côté droit en forme de bande imitant une écharpe; ce que voyant, des bouchers se prirent à dire : « Regardez donc ce bon « enfant de dau-

---

1. C'est ce qui explique l'erreur d'Anquetil qualifiant, dans son *Histoire de France*, Hélyon de Jacqueville de prévôt de Paris.

» phin qui fait de sa cornette la bande des Arma-
» gnacs ! Il en fera tant qu'il nous mettra en colère ! »

Jacqueville était là avec sa milice et de nouveaux venus, parmi lesquels se trouvait Pierre Cauchon. Des cris se firent entendre réclamant le dauphin. La populace s'était mis en tête qu'on avait dessein de le faire échapper de la ville et était convaincue qu'il était entré en correspondance secrète avec le duc d'Orléans. L'intervention de Jean sans Peur, trouvant sans doute que les choses allaient trop loin, ne put calmer la foule, et Jean de Troyes produisit une liste de personnes dont ces furieux réclamaient l'emprisonnement. Louis de Bavière, frère de la reine, s'y trouvait le premier inscrit. C'est alors que Jacqueville monta dans les appartements « et brutale-
» ment, sans nul égard pour la reine, pour le roi,
» pour le dauphin, pénétrant partout, brisant les
» portes, s'empara de tous ceux que le peuple de-
» mandait[1]. »

Parmi eux se trouvèrent, outre le duc de Bavière, notamment l'archevêque de Bourges, Guillaume de Boisratier, confesseur de la reine, le sire d'Ollehain, Raoul Cassinel et Enguerrand de Marcognet. Treize dames ou demoiselles, attachées au service soit de la reine, soit de la dauphine, eurent le même sort. Elles furent emmenées avec rudesse et même enfermées[2], puis mises deux à deux à cheval et conduites soit au Louvre, soit à la conciergerie du Palais de la cité.

---

[1]. De Barante, *Histoire des ducs de Bourgogne de la maison de Valois*.
[2]. L'abbé de Choisy.

Cependant le duc de Bourgogne perdait du terrain, et beaucoup de ses partisans quittaient Paris pour ne plus assister aux scènes déplorables qui s'y passaient.

Un jour le sire de Jacqueville, accompagné de Caboche, entra au Châtelet, et ayant pénétré dans le cachot où était enfermé La Rivière, l'un des seigneurs arrachés à l'hôtel Saint-Paul, il l'interpella d'une façon si outrageante que celui-ci, en s'entendant appeler *traître* et *déloyal*, traita lui-même Jacqueville de *menteur*, ajoutant que, si le roi le permettait, il le combattrait! Jacqueville, qui, sans aucun doute, avait un motif particulier de haine contre le fils de l'ancien seigneur d'Auneau, bourg situé près de Chartres, devint alors furieux, prit sa hache d'armes et en frappa La Rivière d'un coup mortel sur la tête. Le lendemain le cadavre fut placé sur la charrette qui conduisit messire du Mesnil, un autre officier du roi enlevé de son hôtel pour être exécuté. La tête de chacun d'eux fut mise au bout d'une pique et le corps pendu par les aisselles au gibet de Montfaucon.

« On répandit dans le vulgaire que La Rivière
» s'était tué en se frappant la tête avec un pot
» d'étain. Tout ce qui n'était point, la populace
» s'étonna que le sire de Jacqueville eût tué un
» homme qui se trouvait sous la sauvegarde de la
» justice. Mais rien plus n'en fut : c'était la volonté
» du capitaine de Paris[1]. »

---

1. Juvénal des Ursins

La fin de Pierre des Essarts, l'ancien prévôt de Paris, marqua les premiers jours de juillet. Même en prison il s'inquiétait de la faction des bouchers, appréhendant qu'un retour de fortune ne lui permît de se venger. Les membres de le commission chargée de son procès le condamnèrent. Entre autres crimes dont ils le déclarèrent convaincu, figura celui d'avoir fait rogner la monnaie. Des Essarts avait contre lui, outre la haine que lui portait Jean sans Peur, son luxe, ses acquisitions, ses bâtiments, ses ameublements et sa dépense.

Ce fut le sire de Jacqueville, son ancien ami, qui le conduisit aux halles pour y être décapité.

Le 10 juillet, Jacqueville passant, suivi du guet, sous les fenêtres de l'hôtel Saint-Paul, vers minuit, et entendant les violons, s'empressa de s'y introduire.

Pénétrant jusque dans la salle où le dauphin, grand amateur, faisait danser, il se mit à le blâmer de sa vie molle et efféminée, lui reprochant de passer la nuit à veiller, le jour à dormir, dînant à 3 heures après-midi, soupant à minuit et se couchant au point du jour! Pour quoi, ajouta-t-il, il n'était pas certain de vivre longtemps!

Georges de La Trémouille observa au capitaine de Paris qu'il était bien impertinent, vu le petit lieu dont il était! — à quoi Jacqueville répondit qu'il avait menti; — alors le dauphin, mis hors de lui, tira une petite dague qu'il avait au côté et en porta trois coups au sire de Jacqueville, que protégeait du reste son haubergeon, chemise de mailles qu'il portait sous son vêtement. Les gens du guet, qui l'avaient suivi, se jetèrent sur La Trémouille et lui auràient fait un mauvais parti sans l'intervention et les prières du duc de Bourgogne.

Le dauphin fut malade des suites de cette scène de brutale insolence, et pendant trois jours cracha le sang[1].

Du reste les bouchers le gardaient pour ainsi dire à vue, craignant qu'il ne quittât Paris.

Cet état violent devait finir par tourner contre le duc de Bourgogne qui voyait ses partisans se refroidir de plus en plus. Il n'y avait plus dans la ville ni commerce ni industrie!

Les princes d'Orléans s'étaient approchés de Paris, et la partie saine de ses habitants demandait la paix. Des conférences s'ouvrirent à Pontoise et, malgré les efforts en sens contraire de Jean sans Peur, elles aboutirent à un projet de traité qui devait donner satisfaction à tous, sauf aux perturbateurs.

Le 2 août, il y eut une assemblée à l'hôtel de ville pour délibérer sur son acceptation. Une centaine de bouchers étaient entrés dans la salle, ayant en tête le sire de Jacqueville, Deniset, Jean de Troyes et Caboche. Ils avaient de suite déclaré qu'ils ne voulaient point de cette paix, la qualifiant de *traîtresse*, menaçant de jeter leurs contradicteurs par les fenêtres. Ils renouvelaient l'accusation dirigée contre les princes de vouloir détruire la ville de Paris, faire mettre à mort les principaux bourgeois, et donner leurs veuves à des valets!

---

[1]. Le religieux de Saint-Denis et l'abbé de Choisy.

Mais ils trouvèrent devant eux des gens bien résolus à leur tenir tête et à vider la question le plus vite possible. Il fut décidé que la lecture des articles du traité serait faite non à l'hôtel de ville, comme le voulaient les bouchers, mais dans chaque quartier, et, non pas le samedi, ce qui aurait donné aux adversaires de la paix deux jours de répit, mais le lendemain même.

Le 3 août la paix fut votée, les seigneurs et officiers du roi délivrés, et l'autorité de ce dernier rétablie.

Le duc de Berri reprit la charge de capitaine de Paris.

Le sire de Jacqueville avait affecté après les scènes tumultueuses du 2 août de sortir de l'hôtel de ville à la tête d'une partie de la milice parisienne, deux mille hommes environ, pour combattre, disait-il, Clignet de Brabant et Louis de Bois-Bourdon, lesquels se trouvaient à la tête de détachements de l'armée des Princes dans le Gâtinais.

Une fois en campagne il était passé par son manoir de Jacqueville, avait fait transmettre à Paris des nouvelles sur les prétendus excès des Armagnacs et poussé jusqu'à Montereau sans avoir eu avec eux aucune rencontre. C'était une fuite déguisée : il s'apprêtait à se réfugier dans les États du duc de Bourgogne où il allait retrouver Robinet de Mailly, Jean de Troyes et ses enfants, Caboche et beaucoup d'autres partisans de ce prince.

Le 29 août, des lettres du roi enjoignirent de faire prendre et emprisonner, pour les diriger ensuite sur Paris, afin que justice fût faite, près de 70 séditieux, exceptés alors formellement de l'amnistie que renfermaient ces mêmes lettres pour tous les désordres commis à Paris depuis le 28 avril 1413, et par suite frappés de bannissement[1].

Ces lettres du 29 août 1413 ne devaient pas être les seuls actes relatifs à cette peine appliquée à certains des partisans du duc de Bourgogne. Au fur et à mesure des enquêtes judiciaires, elle allait être à diverses époques, soit par le roi, soit par le Parlement, ou maintenue contre ceux qui s'en trouvaient déjà frappés, ou étendue à d'autres individus reconnus coupables. C'est le 31 août 1415, date de nouvelles lettres du roi, que la liste des bannis semble avoir été dressée pour la dernière fois et être restée définitive[2].

Le sire de Jacqueville fut porté sur toutes les listes et en *première* ligne sur chacune d'elles.

Un peu après le 1er octobre 1413 et à la suite d'un arrêt du Parlement déclarant bannis à toujours du royaume Hélyon de Jacqueville, Robinet de Mailly, les Legoix père et fils, Jean de Troyes, Deniset, Caboche et beaucoup d'autres, Jean sans Peur, qui était alors à Saint-Omer, manifesta un vif ressentiment de cette mesure, d'autant plus que presque tous ceux qui en étaient l'objet se trouvaient avec lui. Sans cesse il était excité par eux à retourner dans Paris dont les habitants, affirmaient-ils, seraient pour lui.

---

1. Monstrelet, *Chroniques* (année 1413).
2. Nous devons à l'obligeance de M. Henri Stein la communication du texte des lettres du 29 août 1413 et de celles du 31 août 1415, lesquelles existent aux Archives nationales, la première X1a 8602, fo 281, et la seconde X1a 8603, fo 1. — Voir l'appendice.

Il tenta en effet d'y rentrer, mais il n'avait guère que 2000 hommes, et ne put avoir raison du refus qui lui fut fait de le laisser se présenter devant le roi.

Après l'expédition dirigée par le roi contre lui, laquelle aboutit à la prétendue paix d'Arras (4 septembre 1414), Jean sans Peur s'en alla guerroyer contre le comte de Tonnerre, Louis de Châlon, sous prétexte que ce vassal s'était plusieurs fois mis en révolte contre lui.

Il était à la tête d'environ 20,000 hommes et était accompagné par le sire de Jacqueville et les principaux bannis. De Dijon, il fit partir sous les ordres du sire de Jacqueville, de Fribourg et autres capitaines, des compagnies d'hommes d'armes et de gens de trait, chargés de piller et de gâter la ville et le château de Tonnerre, ce qu'ils firent.

L'ancien capitaine de Paris, privé par la confiscation de son manoir de Jacqueville, était devenu conseiller et chambellan du duc de Bourgogne[1]. Celui-ci devait en outre lui donner le gouvernement d'un de ses châteaux dans la Haute-Bourgogne, avec une pension annuelle de mille francs à prendre sur la saunerie de Salins[2].

Le nombre des bannis ayant en définitive, pour donner une satisfaction relative au duc de Bourgogne, été réduit à 45 (le duc prétendait qu'il avait

---

1. *Mémoires pour servir à l'Histoire de France et de Bourgogne*, par D. La Barre et Dom G. Aubrée.

2. Dom Plancher. L'ordonnance est de Châtillon-sur-Seine, du 17 novembre 1415. — Il existe, aux *Archives de la Côte-d'Or* (B. 11785), une montre d'Hélyon de Jacqueville, qui date de cette époque. — Voir aussi *Archives nationales*, JJ. 169, f° 37, v°.

été convenu lors de la paix d'Arras qu'il le serait à sept), et le sire de Jacqueville se trouvant porté en tête des 45, ce dernier défia à feu et à sang les villes de Sens, Villeneuve-le-Roi, Saint-Julien-du-Sault et d'autres encore.

Lorsque les ambassadeurs du roi allèrent au château d'Argilly, près Beaune, conférer avec Jean sans Peur et l'amener, sous certaines conditions, à jurer enfin la paix d'Arras, ce qu'il s'était refusé à faire jusqu'alors, le duc, invité à porter empêchement au sire de Jacqueville de donner suite à son défi, répondit que cela s'était fait à son insu et que Jacqueville retirerait ses lettres de défi.

Cependant Henri V était sur le point d'opérer sa première descente en France, laquelle allait être marquée par la prise d'Harfleur et la bataille d'Azincourt.

A la suite de la défaite de la noblesse française, le duc de Bourgogne tenta de reprendre Paris où commandait le comte d'Armagnac, devenu connétable. N'ayant pu y réussir il finit, aveuglé par son ambition et son ressentiment, par faire à Calais avec le roi d'Angleterre un traité secret, dans lequel il reconnaissait comme légitimes les prétendus droits du prince anglais à la couronne de France.

Après que ce dernier eut débarqué pour la seconde fois en France, à La Hogue-Saint-Vaast, le 1er août 1417, voulant conquérir d'abord la Normandie, Jean sans Peur partit d'Arras le 9 du même mois, ayant sous ses ordres une armée de 60,000 hommes, et se mit en marche sur Paris.

Jacqueville se trouva, avec Hector et Philippe de

Saveuse, parmi les capitaines qui dirigeaient l'avant-garde.

Ils crurent pouvoir traverser l'Oise, à Beaumont, mais le pont de cette ville était bien gardé par les gens du connétable en garnison au château. Ils revinrent alors sur Chambly qu'ils pillèrent, puis retournèrent à Beauvais où se tenait le duc. Quelques jours après, l'Oise fut par eux passée, grâce à Jean de Villiers, sire de l'Isle-Adam, qui laissa faire. Les Bourguignons purent arriver ainsi sous les murs de Paris, mais sur la rive gauche de la Seine seulement, en passant par Pontoise, Meulan, Poissy et Saint-Germain-en-Laye. Entre Pontoise et Meulan, Jean sans Peur fit une revue générale de ses troupes. Jacqueville y avait sa compagnie composée de 2 chevaliers, de bacheliers, de 354 écuyers, avec 426 hommes de trait à cheval, 3 trompettes et 3 ménétriers[1].

Pendant que le duc s'efforçait en vain d'entrer dans Paris, que le comte d'Armagnac tenait sous une discipline étroite, le sire de Jacqueville, Jean de Guigny, Jean de Clau et d'autres capitaines, ayant sous leurs ordres 1600 combattants, prirent Étampes et Gallardon.

Le 14 octobre, ils entrèrent dans la ville de Chartres, à l'aide des intelligences que Jacqueville y avait pratiquées.

L'évêque, le capitaine et les bourgeois étaient pour le roi, mais les chanoines, les prêtres, les avo-

---

1. Dom Plancher.

cats et les procureurs, s'appuyant sur le commun, favorisaient les Bourguignons[1].

Nommé par le duc gouverneur de Chartres, Jacqueville devait peu à peu en chasser les officiers du roi, qui se retirèrent à Orléans, et sous prétexte qu'ils étaient des Armagnacs, imposer, piller, bannir et même faire mettre à mort, comme coupables de trahison, plusieurs de ses notables bourgeois[2]. Cousinot cite comme ayant été dépouillés de leurs biens et chassés de la ville, Jean Le Bourrelier, lieutenant-général du bailli, Robert Poignant, avocat du roi, Ségnart l'aîné, capitaine de Chartres, Renaut, Ségnart le jeune, Philippe Périer et Pierre de Crouy, tous deux élus, Pierre des Courtils, grainetier, Jean Périer, Adam Périer, Jean Baudaille, chancelier, et le chanoine Robert Braque.

Cependant Jean sans Peur, qui était resté dans les environs de Paris, leva tout à coup le siège de Corbeil, auquel du reste il perdait beaucoup de ses gens, et fit lever celui qui était mis devant Le Puiset. Il arriva à Chartres la nuit de la Toussaint et en repartit aussitôt après s'être concerté avec Jacqueville pour assurer dans les murs de la ville et dans les villages voisins le campement de ses hommes d'armes.

Suivi de 800 d'entre eux seulement, mais bien choisis et bien montés, il alla en toute hâte par Bonneval et Vendôme, voyageant de nuit comme de

---

1. Cousinot, *Chronique de la Pucelle.*
2. Doyen, *Histoire de la ville de Chartres, du pays chartrain et de la Beauce.*

jour, enlever Isabeau de Bavière, à Marmoutiers, près Tours, où le comte d'Armagnac l'avait fait exiler. Un avis secret adressé par la reine au duc de Bourgogne lui avait fait tout laisser pour le délivrer et l'amener à Chartres. C'était pour lui un auxiliaire inattendu.

Ne pouvant avoir la personne du roi, il allait s'allier à la reine et la faire s'intituler régente du royaume par suite de la maladie de Charles VI, en faisant revivre des lettres anciennes du roi, que de plus récentes en faveur du dauphin avaient en fait annulées. Au fond, c'était le duc de Bourgogne qui devait être l'âme de ce contre-gouvernement.

Pendant le séjour qu'il fit à Chartres avec la reine, il arriva qu'à l'une des audiences par lui données à ses capitaines, le sire de Jacqueville et Hector de Saveuse échangèrent quelques propos hautains.

Peu de jours après, au mois de novembre 1417, comme l'ancien capitaine de Paris, venant d'auprès du duc, logé au Palais épiscopal, traversait l'église Notre-Dame, Hector de Saveuse se rencontra sur son passage. Ce dernier était accompagné de parents et de ses gens les plus dévoués. Ils formaient entre eux toute une bande de douze à seize individus, parmi lesquels se trouvaient notamment le seigneur de Crèvecœur, cousin-germain d'Hector, Philippe de Saveuse, son frère, et Jean de Vaux, leur parent.

Jacqueville avait quelque temps auparavant détroussé complètement ce dernier, ce qui avait été la cause des paroles haineuses échangées en présence de Jean sans Peur et de Hugues de Baurs.—Jacqueville, lui dit Hector, tu m'as autrefois injurié et fait déplaisir! Tu vas en être puni! — et aussitôt il fut saisi et traîné à une porte. Une fois dehors, ils le jetèrent au bas des marches du portail. Jacqueville cria merci et offrit une forte réparation pécuniaire, mais sans être écouté. Ils le frappèrent et le laissèrent comme mort, et, déguerpissant aussitôt, ils regagnèrent leur logement dans un village à deux lieues de Chartres.

Jacqueville se fit porter par ses gens devant le duc, lui nomma ses agresseurs, et dit que c'était pour l'avoir bien et loyalement servi qu'il avait été mis dans l'état où il le voyait! Jean sans Peur, plein de courroux, monta aussitôt à cheval, et avec une escorte chercha Hector de Saveuse par la ville, mais il apprit bientôt son départ.

Jean de Luxembourg, le sire de Fosseuse, le maréchal de Bourgogne et plusieurs autres de ses officiers finirent par le calmer. Cependant il fit saisir les chevaux et bagages d'Hector de Saveuse trouvés dans la ville.

Rentré à son hôtel, le duc manda de notables médecins; mais rien n'y fit, Hélyon de Jacqueville mourut au bout de trois jours.

Ce meurtre valut sur-le-champ à son auteur une haine des plus vives de la part de Jean sans Peur, qui manifesta, à diverses reprises, la volonté de le punir lui et ceux qui l'avaient aidé à se venger[1].

Mais le duc de Bourgogne se servait avant tout

---

1. Monstrelet (année 1417), et Pierre de Fenin, *Mémoires*.

des gens en vue de ses projets ambitieux, comme il le fit à l'égard du peuple sans l'aimer. Hector avait son frère Philippe attaché comme lui au parti du duc, et lui-même était un des capitaines qui l'avaient le plus bravement secondé, notamment lors du siège d'Arras.

La colère de Jean sans Peur s'apaisa.

Alphonse Boulé.

APPENDICE

I

Du 28 juillet 1404.

Entre le procureur du Roy d'une part, et Hélion de Jacleville, prisonnier eslargi parmi Paris, d'autre. Le procureur du Roy propose que chascun doit honnorer la Court de céans qui représente la personne du Roy, car c'est la court souveraine, et aussi les suppostz et conseillers d'icelle. Or dit que maistre Jaques du Gard est conseiller du Roy en la court de céans et en la sauvegarde du Roy notoire avec ses gens, etc. Et est advenu que ledit Hélion et un sien varlet prisonnier ou palais vindrent en l'ostel dudit maistre Jaques moult exhauffez, et batirent le varlet de maistre Jaques et lui dirent plusieurs injures, et villenies et de la court, et qu'ilz lui crèveroient les œulx, et le desmenti par plusieurs foiz ledit Hélion qui ne povoit ignorer qu'il ne fust de céans, et si dist autant que d'un bouton tout oultre, et disoit le varlet audit maistre Jaques : « Paix, vilain, paix », avec plusieurs autres menaces et injures contenues en l'information. Dit oultre que, supposé qu'il ait accordé, du congié de la court, avec ledit maistre Jaques, toutesvoies n'a il sattisfait à justice, et n'est pas raison si grant offense demeure impunie. Si concluc en amende honorable céans et au lieu et prouffit de iiii^{M} livres, et que Hélion soit en prison deux moys et qu'il amende audit maistre Jaques par le bénéfice de procureur du Roy.

Hélion dit qu'il est noblez et s'est porté doulcement et amiablement envers tous, et veult toujours honnorer la court de céans et les suppostz; aussi doit faire chacun. Dit oultre que lui et Navarroys se esbatoient sur la rivière, vers l'escole Saint Germain, à giter d'une saiette, et passa par illec le varlet dudit maistre Jaques qui menoit son cheval boire, et heurta Hélion telement qu'il le fist cheoir à terre, et pour ce le varlet Hélion le poursuit, et y ot pierres gitées et grant riote, et tant qu'ilz vindrent à la maison dudit maistre Jaques qui, saillyant fenestres pour la noise, et avoit affublé un cueuvrechief et sa coeffe de nuyt, et illec fut pluseurs paroles dites d'un cousté et d'autre, et desmentirent l'un l'autre, et ne cognoissoit maistre Jaques qui n'estoit pas en estat honneste, et nye qu'il ait dit vilennie de la court. Dit oultre qu'il a sattisfait maistre Jaques qui riens ne lui demande, et si a esté six jours en prison fermée. Si requiert la grâce de la court, et qu'il soit délivréz et eslargiz par tout et ses biens, etc..., et pareillement requiert pour son valet.

Finablement les parties sont contraires, si feront leurs faiz, et sera eslargiz par tout *sub penis* etc., et eslira domicile et comparra par procureur *quousque* etc., et lui sont ses biens recreuz. Item son varlet sera examiné par les commissaires qui ont examiné ledit Hélion, et ce fait sera eslargi comme ledit Hélion, etc.

(*Archives nationales*, X^{1a} 14, f° 201 v°).

II

Charles, par la grâce de Dieu Roy de France, savoir faisons à tous présens et avenir que, comme durant les débaz et dissensions qui puis certain temps ençà ont esté en nostre royaume, entre aucuns de nostre sang et lignage et autres noz subgiéz, et en espécial depuis le traitié de la paix derrenièrement par nous faicte à Aucerre, plusieurs manans et habitans en nostre bonne ville de Paris sans auctorité de justice, mais seulement à l'instigation d'aucuns particuliers qui avoient par leur temerere présumption entrepris le gouvernement de nostre dicte ville, se soient par pluseurs foiz assembléz en armes tant en l'ostel de nostre dicte ville comme ailleurs en ycelle, et que soubz umbre d'icelles assemblées aucuns d'iceulx particuliers aient extorqué indeuement et sans cause plusieurs sommes de deniers et autres biens meubles de aucunes personnes tant de ladicte ville comme d'autres, les aucunes d'icelles noiées et aucunes autres occises, et fait prisons privées en plusieurs lieux d'icelle ville; combien aussi que soubz couleur desdittes assemblées les dessusdiz, entre autre chose, au mandement ou pourchas desdits particuliers dont aucuns d'iceulx étoient eschevins de ladicte ville et avoient l'administration devant déclarée, soient puis nagaires venus à très grant nombre en armée, à estandart desploié, avec lesquelx estoit le prévost des marchans de nostre dite ville ou le commiz à ladicte prévosté, non sachans en la plus grant partie où ilz aloient ne que l'on vouloit faire, devant nostre chastel de la Bastide Saint Anthoine à Paris, et d'illecques eulx transporté par fois iteratives ès hostelx de nous, de nostre très chière et très amée compaigne la Royne et de nostre très chier et très amé ainsné filz le duc de Guienne, daulphin de Viennois, et en iceulx fait et commiz par aucunz desdiz particuliers certaines fractions, et excès, prises manuelles de pluseurs noz gens serviteurs et officiers, et aussi de pluseurs des gens serviteurs et officiers de nostre dite compaigne et de nostre dit filz, tant nobles comme dames, et damoiselles et autres, et entre autres de nos très chiers et améz cousin et frère les ducs de Bar et de Bavière, et iceulx menéz ou fait mener de leur auctorité les aucuns ès prisons de nostre chastel du Louvre, les autres ès prisons de nostre palais, les autres ès prisons de nostre Chastellet à Paris, et aucuns autres en prisons privées; et fait, commis et perpétré plusieurs autres crimes, excès et déliz. Nous, considérans l'entretenement de la paix qui depuis toutes ces choses est intervenu . . . . avons aboli et par ces présentes abolissons à tousjours perpétuelment, et en imposons surtout ce qui s'en pourroit dépendre silence perpétuel à nostre procureur général présent et à venir; et voulons que nostre présente abolission et grâce vaille et soit d'autel effect comme se les cas y estoient spécifiéz et déclairéz au long, et que au vidimus d'icelles fait soubz scel royal soit plaine foy adjoustée, soit d'autel valeur et s'en puisse chascun aidier comme de ce présent original. Toutesvoies nostre entencion n'est pas que en ceste présente abolission soient comprins Hélyon de Jaqueville, Robinet de Mailly, et Charles de Lens, chevaliers, maistre Eustache de Laitre, maistre Jehan de Troyes, maistre Henry de Troyes, maistre Baude des Bordes, et Georget son clerc, maistre Pierre Cauchon, etc...[1], ou cas que deucment ilz ou aucun d'eulx seront trouvéz coulpables d'avoir conspiré en la mort d'aucuns seigneurs et autres de nostre dicte bonne ville de Paris ou qui auroient esté perturbateurs de ladicte paix de nostre dict royaume depuis le tour derrenièrement fait de Pontoise, ou d'avoir esté coulpables des occisions, pilleries, raençonneries ou extorcions dessusdiz fais depuis le traittié d'Auceurre. Si donnons en mandement par ces lettres à noz améz et féaulx conseilliers les présidens de nostre Parlement, les gens qui tendront noz Parlemens à venir, au prévost de Paris et à tous noz autres justiciers et officiers présens et à venir ou à leurs lieuxtenans et à chascun d'eulx, si comme à lui appartendra, que

---

[1]. Suivent cinquante-huit autres noms.

nostre présente abolission facent crier, publier et enregistrer partout où il appartendra et où mestiers sera, et ycelle tiengnent et gardent, et facent tenir et garder de point en point à tousjours, sans enfraindre en aucune manière, et se aucun empeschement y estoit mis ou aucune chose faicte au contraire du contenu en ces présentes, ores ou pour le temps à venir, ilz le mettent ou facent mettre chascun droit soy, tantost incontinent ces lettres veues ou le vidimus d'icelles à plaine délivrance ; et afin que ce soit chose ferme et estable à tousjours, nous avons fait mettre nostre scel à ces présentes, sauf nostre droit en autres choses et l'autrui en toutes. Donné à Paris, le XXIXe jour du mois d'aoust l'an de grâce mil quatre cens et treze, et de nostre règne le XXXIIIe.

(*Archives nationales*, X¹ª 8602, f° 281).

III

Charles, par la grâce de Dieu Roy de France, à tous ceulx qui ces présentes lettres verront, salut. Comme nous ayans pitié et compassion des grans oppressions, pertes et dommages que nostre peuple a euz et soustenuz ou temps passé à l'occasion des guerres et armées faictes en nostre royaume, voulans noz subgiez relever, garder et préserver d'icelles oppressions et pour autres causes et considérations à ce nous mouvans, ayons fait, voulu, ordonné et commandé paix ferme et estable en nostre royaume, et entre noz subgiéz, et avecques ce ayons fait et octroyé certaine abolition de ce qui a esté fait depuis la paix de Pontoise, de laquele furent exceptéz cinq cens personnes, lesquelz devoient estre nomméz dedens la feste Saint Jehan Baptiste derrenièrement passée, exceptéz aussi ceulx qui par nostre justice avoient esté banniz depuis le temps dessusdit ; eussions en oultre voulu et ordonné que ceulx qui avoient esté eslongnéz de nostre ville de Paris et des autres villes de nostredit royaume ou qui de leur voulentéz s'estoient absentéz de leurs demorances, par soupeçon demourroient eslongnéz et absentéz de nostre ville de Paris et des autres villes et lieux dont ilz avoient esté eslongnéz jusques à deux ans. Savoir faisons que, pour considération de ce que dit est, et autres causes et considérations à ce nous mouvans, voulans extendre nostre libéralité ou fait de ladicte abolition, avons voulu, ordonné et octroyé, voulons, ordonnons et octroyons de noz plaine puissance et auctorité royal par ces présentes que lesdictes cinq cens personnes eslongnéz et banniz soient compris en ladicte abolition, et que d'icelle ilz joyssent et usent comme se ils n'eussent aucunement esté exceptéz de ladicte abolition; exceptéz toutevoies Élyon de Jacleville, Robinet de Mailly, chevaliers, maistre Jehan de Troyes, maistre Henry de Troyes, Jehan Parent, Symon Caboche, Denisot de Chaumont, maistre Laurens Calot, Thomas le Goys, Guillaume le Goys, Jehan le Goys, etc...[1], lesquelx pour considération de plusieurs excès par eulx commis et perpétréz, au desplaisir de nous, de nostre très chière et samée compaigne la Royne et de nostre très chier et très amé ainsné filz le duc de Guyenne, daulphin de Viennois, nous ne voulons aucunement estre comprins en ycelle abolition. En tesmoing de ce, nous avons fait mettre nostre scel à ces présentes. Donné à Paris, le derrenier jour d'aoust l'an de grâce mil quatre cens et quinze, et de nostre règne le xxxve.

Signé, par le Roy à la relation du Grant Conseil tenu par Monseig^r le duc de Guienne : E. de Mauregart.

(*Archives nationales*, X^{1a} 8603, f° 1).

---

1. Il y a trente-cinq autres noms.

Fontainebleau. — M. E. Bourges imp. breveté.

www.ingramcontent.com/pod-product-compliance
Lightning Source LLC
Chambersburg PA
CBHW060522050426
42451CB00009B/1121